L. LE LEU

LA LOI D'AMOUR

(Swedenborg et sa Doctrine)

PARIS
BIBLIOTHÈQUE UNIVERSELLE BEAUDELOT
36, Rue du Bac, 36

LA LOI D'AMOUR

INDEX

L. LE LEU

LA LOI D'AMOUR

(Swedenborg et sa Doctrine)

PARIS
BIBLIOTHÈQUE UNIVERSELLE BEAUDELOT
36, Rue du Bac, 36

AVERTISSEMENT

L'auteur, ayant eu l'occasion de faire quelques conférences sur Swedenborg et ses très intéressantes doctrines, en a, sur la demande de plusieurs personnes, extrait ces quelques pages, dénuées de toute prétention, et n'ayant qu'un simple caractère d'indication sommaire.

SWEDENBORG ET SA DOCTRINE

Le Savant, le Voyant, le Mystique

Swedenborg est né à Stockholm en 1688. Fils d'un pasteur luthérien devenu plus tard évêque, il est de caractère très rationaliste et d'esprit tout à fait scientifique ; il se livre entièrement à l'étude des sciences exactes et marque de la répulsion pour tout ce qui n'est pas positif. Il voyage beaucoup pour s'instruire de toutes les manières. Il s'occupe surtout de minéralogie ; du reste, il est nommé par le roi de Suède, membre du collège des mines, et jusqu'en 1745 c'est un des plus grands savants de l'Europe ; c'est aussi un homme du monde accompli ; il est riche et serait parfaitement heureux s'il avait pu trouver à se marier, car il a vraiment la vocation du mariage et il l'affirme lui-même maintes fois ; mais il ne trouve pas de femme qui le comprenne, comme cela arrive à beaucoup d'hommes de valeur, du reste ; il ne devient pas misogyne pour cela, au contraire : il recherche toujours la société des femmes, pourvu qu'elles soient honnêtes et qu'elles aient de l'esprit. Mais il tient résolument les autres à distance.

Swedenborg déteste les spéculations de l'imagination; il fuit particulièrement les mystiques et ne veut à aucun prix lire leurs écrits, alors assez répandus.

C'est donc un esprit fort personnel, très original, ce que nous appelons aujourd'hui un cerveau solide, incapable de se laisser leurrer par des songes creux.

Et cependant il va devenir, dans son genre, un mystique et surtout un grand voyant.

En 1715, il touche à la soixantaine, lorsqu'à Londres une crise se déclare, qui le transforme complètement dans ce sens-là. Pendant qu'il soupe de bon appétit, tout à coup, il se trouve en état de réceptivité vis-à-vis de l'invisible, ses sens corporels sont entrés dans une certaine passivité, et ses sens spirituels entrent en activité; il se voit entouré d'un brouillard et environné de hideuses bêtes, c'est-à-dire qu'il perçoit, comme on dirait aujourd'hui, l'état astral inférieur; il traverse cet état, se retrouve dans la lumière et voit un être radieux qui lui dit : « Ne mange pas tant! » c'est-à-dire : donne moins d'aliments aux sens corporels afin que tes sens spirituels entrent en jeu et perçoivent les choses spirituelles.

Désormais Swedenborg est voyant ; il voit à distance les événements ; il pénètre les pensées des autres et perçoit leur véritable nature spirituelle sous les voiles du corps physique, il converse avec les esprits des morts et les anges et entre en relations suivies avec les habitants du ciel, de l'enfer et d'un état intermédiaire qu'il nomme le Hadès, où chacun ressuscite dans un corps subtil mais véritable, immédiatement après la mort et fait un stage plus ou moins long avant d'entrer définitivement soit au ciel soit en enfer. Swedenborg est mort en 1772, affirmant à son lit de mort la réalité absolue de ses visions et la sincérité non moins absolue de sa doctrine.

Il a écrit de très nombreux ouvrages qu'on peut partager en deux séries ; la première série, qui correspond à la 1re partie de sa vie, est composée uniquement d'œuvres purement rationalistes et naturalistes ; la seconde série, qui forme un contraste complet avec la première, est spiritualiste et mystique; il y a donc entre ces deux faces de la mentalité de Swedenborg comme une cloison que beaucoup ont crue étanche, mais à tort.

En réalité, un lien servait de pont entre ces deux rivages et de trait d'union entre ces deux états d'être chez Swedenborg.

Il avait des sentiments très religieux dans le meilleur sens du terme, et avait eu l'occasion, avec son père, de discuter théologie et de rechercher les principes purs de la vraie religion d'action. D'autre part, il avait une habitude très intense de la méditation, et on sait que ceux qui ont une telle habitude sont dans les conditions même de la voyance, phénomène qui se déclanche tôt ou tard; enfin, Swedenborg avait des qualités affectives intenses elles aussi, et l'on sait également que cette disposition à l'amour, lorsqu'elle ne trouve pas dans le monde physique un champ d'action, se transpose et éclate sur le plan suprasensible et produit facilement les phénomènes du mysticisme; c'est très naturel : c'est comme l'arbuste qui pousse dans un lieu obscur et qui finit par diriger l'extrémité de ses tiges de floraison et de fructification vers la lumière, à travers quelque soupirail ou quelque fissure.

Dans les ouvrages même de Swedenborg, on trouve les degrés qui marquent la transition et l'un de ses livres est comme à cheval sur l'arête même des deux faces de sa vie. (Voir à la fin de cette brochure, la liste de ses principaux ouvrages selon la marche de son évolution.)

Dieu, l'Homme, l'Univers et leurs rapports.

D'après Swedenborg, la Cause suprême de l'Univers, Dieu, est l'Homme éternel, conscient, libre, émanant volontairement les êtres de lui-même, les animant de sa vie, les éclairant de sa sagesse, les vivifiant de son amour. C'est de la substance de Dieu que tout est fait, c'est Dieu qui a tout produit et conserve tout par l'influx de sa puissance éternellement active.

Le Cosmos tout entier est donc la manifestation de Dieu et ce Cosmos est lui-même un Homme immense avec toutes ses parties, tous ses organes, toutes ses facultés.

Par conséquent, tous les êtres de l'Univers se classent organiquement en se distribuant hiérarchiquement selon leur valeur propre dans les différents départements de la constitution de cet Homme universel. C'est ce qui explique pourquoi Swedenborg admet des nécessités comme celles de l'enfer, par exemple, et nous dit que l'existence de l'enfer fait équilibre à celle du ciel; c'est un peu comme si l'on disait que, dans un homme, les pieds sont aussi utiles que la tête et que les intestins ont une valeur relative à la valeur même du cerveau. Au XIXe siècle, Michel de Figanières a développé une théorie analogue.

Le monde spirituel invisible est la cause du monde matériel visible et il en est la loi ; c'est de ce monde invisible que tout vient et c'est à lui que tout retourne.

L'homme est un être mixte qui appartient en même temps à ces deux mondes, la plupart du temps sans le savoir ni le sentir. Nous avons un corps physique et un corps spirituel plus réel que le corps physique et c'est dans ce corps spirituel que nous sommes immortels ; nous ne sommes pas des êtres indépendants de la vie spirituelle, dont nous sommes le champ d'action, mais nous sommes libres de faire l'usage qu'il nous plait de ces énergies qui nous animent et Dieu même respecte entièrement notre liberté. Nous nous en servons, en effet, pour nous classer nous-mêmes dans l'état d'être avec lequel nous avons le plus d'affinité c'est notre volonté qui opère ce classement de nous-mêmes; or, comme notre volonté est l'action même de notre amour intérieur et que notre amour c'est nous-mêmes, il en résulte que si nous étions contraints à être autre chose que ce que nous aimons intérieurement, nous ne serions plus nous ; c'est pourquoi l'être est libre à jamais, parce que c'est ainsi seulement qu'il est et peut rester lui-même.

Les êtres qui vont au ciel sont ceux qui, par l'intelligence et par le cœur, entrent en communion avec Dieu, c'est-à dire avec le Vrai ou Intelligence et le Bien ou Amour divins. Cela se fait au moyen d'une force d'évolution qui est en nous et tend toujours à ouvrir graduellement notre âme à la lumière spirituelle ; c'est à nous de ne pas résister à cette force, car si nous voulons aller au ciel, il faut que notre régénération soit commencée dès cette vie. Dans l'autre monde, on développe les germes existants déjà, mais on n'improvise rien.

Ce qui arrive après la Mort.

Très peu de temps après la mort, on ressuscite dans un corps semblable au corps physique, mais spirituel. On est assisté par des êtres spirituels divers, mais on ne perçoit parmi eux que ceux avec lesquels on est en affinité naturelle, consciente ou non, dès cette vie même. Ils vous expliquent alors l'état dans lequel vous vous trouvez. Vous êtes un esprit et la phase que vous traversez est un état intermédiaire et transitoire dans lequel votre principale occupation consiste à vous identifier vous-mêmes, à vous équilibrer et à mettre d'accord votre amour et votre volonté. Là, on ne peut pas vouloir ce qu'on n'aime pas, on est voué irrésistiblement à s'identifier avec ce qu'on aime. Si donc on aime le bien et le vrai, on s'identifie avec le bien et le vrai et par conséquent avec le ciel, et on devient le bien, le vrai et le ciel en acte en soi-même; si l'on aime le mal et le faux, le phénomène contraire se produit et c'est avec l'état infernal que l'on s'identifie.

Tous les objets de ces mondes spirituels

sont analogues aux objets des mondes matériels, mais ils sont idéalisés au suprême degré. Par rapport aux sens matériels, ce ne sont que des apparences ; mais par rapport aux sens spirituels ce sont des réalités ; dans ces mondes-là, c'est le mental qui est formateur de ces objets et l'on n'y est en relation qu'avec des choses ou des êtres qui sont reliés au mental par le lien des affinités affectives ; le reste est comme s'il n'existait pas et on ne le perçoit pas : on ne se trouve donc en rapport qu'avec les objets de sa pensée et de son amour. Le Hadès est comme le vestibule soit du ciel soit de l'enfer, c'est le monde des esprits. Il y a des êtres qui vont directement dans le ciel ou dans l'enfer et ne font que traverser rapidement le Hadès. Mais la plupart y séjournent assez longtemps, sans voir par où ils pourraient entrer soit au ciel soit en enfer. Comme la liberté absolue règne là, on s'y développe librement dans son amour dominant et quand le développement est à point la détermination se fait comme d'elle-même par un attrait naturel vers ce qui apparaît comme correspondant à ce qu'on aime et comme devant satisfaire l'amour intime de l'être, c'est-à-dire lui-même.

Ordonnance des mondes invisibles et rapports de l'homme avec eux.

D'après Swedenborg, le Ciel et l'enfer se font équilibre. Il y a trois cieux et trois enfers opposés les uns aux autres et correspondant au degré d'identification des êtres avec le bien et le vrai divins ou le mal et le faux infernaux

Le 1er ciel est celui des anges ou bons esprits naturels, qui ne sont que superficiellement en rapport avec le vrai et le bien divins. Il correspond au premier enfer où sont les esprits damnés les moins dangereux. Le 2e ciel est celui des anges spirituels en rapport plus intérieur, mais surtout intellectuel avec le vrai et le bien divins; ces anges sont nommés « rois ». A ce 2e ciel correspond un 2e enfer où sont des esprits plus pervers que ceux du 1er enfer. Le 3e ciel est celui des Anges célestes, intimement en rapport avec le vrai et le bien divins surtout selon l'amour; ces anges sont nommés « prêtres ». A ce 3e ciel correspond le 3e enfer où sont les esprits les plus pervertis.

En outre, l'ensemble des cieux et l'ensemble des enfers se divisent en deux royaumes qui se correspondent aussi : 1° Le royaume céleste qu'habitent les Anges recevant intimement le divin bien et le divin vrai dans le cœur, qui commande en eux à l'intelligence. C'est l'ordre sacerdotal céleste. A ce royaume céleste correspond le royaume infernal où le mal est à son apogée dans l'amour diabolique de soi-même. C'est l'ordre infernal des génies des ténèbres ; 2° Le royaume spirituel des anges recevant le même vrai et le même bien divins plutôt dans leur intelligence que dans le cœur, de sorte que, par leur mental, ils sont tenus à distance du ciel intime ; c'est l'ordre royal céleste. A ce royaume correspond un royaume infernal où le mal est mitigé ; il appartient à ceux qui sont imbus de l'amour du monde ; c'est le royaume satanique spirituel. Rappelons que pour Swedenborg tous les êtres spirituels, anges, esprits, etc., ont été hommes et sont hommes ; il y a dans tout le Cosmos des humanités diverses mais qui sont une seule Humanité. Il est essentiel de se souvenir que l'homme est fait pour le ciel et que s'il va en enfer c'est qu'il le veut bien. Le sort de l'homme dépend de son amour intérieur. L'homme est un être dans lequel la vie du ciel cherche à se manifester; dans ce but, Dieu agit comme une essence infuse et active dans les profondeurs de l'être humain, mais en laissant l'homme entièrement libre de se mettre en rapport avec cette essence et les êtres qui aiment le vrai et le bien ou avec l'égoïsme qui est la source du mal et du faux et les êtres qui se sont identifiés avec le mal et le faux. Comment cela se fait-il ?

L'homme est hanté toute sa vie, sans le savoir, par des esprits bons et mauvais, qui ne savent pas non plus qu'ils le hantent. Dieu ne veut pas qu'il y ait communication consciente entre ces esprits et l'homme sans motifs graves, à cause des grands dangers de perdition que l'homme peut courir de ce chef. La nécromancie et la magie, dit Swedenborg, conduisent sûrement aux ténèbres et à l'enfer. Mais, néanmoins, dès cette vie et par ses affinités, l'homme est déjà associé à des sociétés célestes ou infernales sans le savoir, selon le genre d'esprits avec lesquels, sans le savoir non plus, il est d'accord instinctif et les suggestions auxquelles il obéit de préférence. Les esprits changent, du reste, avec les âges de l'homme ; le vieillard et l'enfant sont plus spécialement en rapport avec de bons esprits.

Ces esprits ne suggèrent jamais de pensées, mais rien que des sentiments d'amour pour le bien et le vrai ou pour le faux et le mal. (Se rappeler que l'homme n'est pas ce qu'il sait, mais seulement ce qu'il aime.) L'homme accepte l'influx le plus en rapport avec ses tendances intimes. Outre l'influx vivant des esprits, il y a l'influx direct de Dieu, qui est universel, influx Divin-Humain qui agit par la volonté ou amour dans l'entendement ou foi (jamais inversement) ; cet influx est toujours accepté par les bons et repoussé par les mauvais. L'homme qui serait assez humble et clairvoyant pour croire que tout bien vient du Seigneur et non de lui et que tout mal appartient à l'enfer en propre et non à lui, serait sûrement et malgré tout dans la voie du ciel.

Dieu étant l'essence centrale et cachée de la vie des êtres, agit chez eux du dedans au dehors, jamais du dehors au dedans. Il gouverne aussi bien l'enfer que le ciel. Il n'y a dans le monde spirituel ni temps ni espace, mais des états d'être qui en ont seulement l'apparence par leur stabilité ou leurs changements. Les êtres spirituels s'associent selon leurs affinités et en hiérarchie. Swedenborg a vu là des organismes sociaux très exactement constitués et administrés comme sur la terre, et des usages comme ici-bas. D'après lui, les êtres du ciel peuvent encore pécher, c'est pourquoi ils sont gouvernés.

Entre le ciel et la terre, il y a toujours eu des correspondances, et l'histoire des différentes phases du développement de la vraie religion dans l'humanité terrestre est fondée précisément sur l'intelligence et l'application de ces correspondances.

Tous les hommes, même non chrétiens, sont destinés au ciel et des anges les instruisent dans ce sens en temps opportun; il en est de même des enfants. Selon Swedenborg, Dieu étant l'amour parfait d'où découle le torrent d'amour qui est le conjugal dans toute la nature, il y a des mariages au ciel; les mariages terrestres y sont rarement ratifiés parce qu'ils sont rarement selon l'esprit du Seigneur; ils se dissolvent dans le Hadès, où se forment de nouvelles unions qui, cette fois, sont définitives; l'essence de ces mariages célestes est l'alliance de la faculté masculine qui est l'entendement du vrai produisant la sagesse avec la faculté féminine qui est la volonté du bien produisant l'amour et formant l'équilibre de l'intelligence et du cœur. Les joies de ces noces spirituelles sont données par la fusion libre de ces deux facultés en une, et elles engendrent des irradiations vivantes de sagesse et d'amour. Le ciel est sans bornes, il est le très grand Homme spirituel formé par toutes les humanités des univers.

Swedenborg a déclaré avoir vu toutes ces choses de ses yeux spirituels et ses œuvres abondent en descriptions de toutes sortes conformément à tout ce qu'il dit. Ceci n'est qu'un résumé très écourté des très grandes lignes de sa doctrine.

Il a paru intéressant et utile de choisir, parmi toutes les vues si remarquables de Swedenborg, celles qui concernent l'Amour Conjugal et d'en donner une idée dans les pages suivantes, avec quelques commentaires.

LA LOI D'AMOUR SELON L'ESPRIT

Swédenborg et le Mariage

Parmi les ouvrages si singuliers du voyant suédois Swedenborg, s'en trouve un, qui n'est pas le moins extraordinaire ni le moins profond et qui traite de l'*Amour conjugal.* Il comporte deux parties dont la première a pour titre : *Les délices de la Sagesse sur l'Amour conjugal*, par opposition à une seconde partie qui dénonce la folie de l'amour qui ne dépasse pas le plan purement animal et égoïste.

Ce qu'il y a de particulièrement curieux dans les vues de Swedenborg, c'est cette affirmation que l'on se marie dans le ciel tel qu'il dit l'avoir vu, et ce qu'il y a de profond c'est une vue véritablement divine de l'essence même du conjugal, qui n'est, dans l'homme, que ce qu'il est en Dieu lui-même.

Swedenborg est peut-être le seul qui ait professé cette idée que l'on se marie au ciel si l'on ne s'est pas marié sur la terre ou si, comme cela n'arrive que trop souvent, le mariage de la terre n'a été qu'une union factice, dans laquelle le véritable amour conjugal n'existait pas, selon sa nature réelle et spirituelle.

Jusqu'à lui, en effet, on n'avait guère rien dit de précis sur cette question. L'Evangile ne semblait pas l'avoir touché d'une façon claire et nette, quoique Jésus ait eu l'occasion d'en parler dans certaines réponses aux Pharisiens et aux Sadducéens. Il s'était borné à leur dire, sur la question du divorce, que Moïse leur en avait donné la faculté, sous certaines conditions, à cause de la dureté de leur entendement, mais que, dans l'origine, le masculin et le féminin étaient en parfaite unité et que lorsque Dieu les réunit maintenant qu'ils sont séparés, la volonté arbitraire de l'homme ne doit pas les disjoindre, car il est écrit: « Ils seront deux en une chair unique ». Une autre fois, interrogé sur la question de savoir de qui serait l'épouse, réellement, dans la vie future, une femme qui, de son vivant sur la terre avait été mariée successivement à plusieurs hommes, il répondit qu'alors « les ressuscités d'entre les morts ne se marieraient point, parce qu'ils seraient immortels, semblables aux anges et fils de Dieu, étant fils de la résurrection. »

Les croyants chrétiens se sont bornés à admettre que ceux qui ont été unis sur la terre se retrouveront au ciel, sans chercher à savoir comment ni de quelle manière et si la loi conjugale existe dans les cieux d'une façon analogue à ce qu'elle est sur la terre.

Swedenborg a vu la difficulté et, loin d'accuser d'erreur les paroles de l'Evangile à ce sujet, il en a proposé une interprétation remarquable, car, en effet, ces paroles sont obscures et ne touchent pas directement au sujet.

Une remarque à faire est que Swedenborg fut amené à cette conception par une certaine épreuve de sa vie personnelle.

Il resta, en effet, célibataire, et ce ne fut pas sa faute, car il eut beaucoup désiré se marier et n'y réussit pas. Il nous révèle, dans son autobiographie, que lorsqu'il fut illuminé et devint voyant et mystique, il fut affranchi de certains penchants et notamment d'un goût assez prononcé pour le sexe féminin. On ne sait que fort peu de choses sur cet aspect de sa vie ; on sait seulement qu'encore jeune il fut fiancé successivement à deux sœurs qui, l'une après l'autre, lui reprirent leur parole, qu'il leur rendit, d'ailleurs, de fort bonne grâce, ne voulant aucunement leur forcer le cœur. L'une, lui avait été promise par son père et l'autre lui avait été fiancée par le roi de Suède, sans que le consentement ni de l'une ni l'autre fut bien spontané et bien entier. Enfin, sur la fin de sa vie, il déclara à un intime qu'une noble dame de Suède, décédée depuis quelque temps, serait son épouse dans le ciel, où elle l'attendait à cet effet.

Cela peut paraître singulier, quand on ne connaît pas la théorie de Swedenborg sur l'amour conjugal et cela pourrait être pris, en effet, pour une rêverie sentimentale et vaine, si cette théorie ne contenait pas des vérités profondes, qui méritent d'être connues parce qu'elles rayonnent d'une immense lumière, à laquelle, du reste, elle sert de voile transparent. Cette théorie est si belle et si vraie que si elle était bien comprise et bien sentie sur la terre, où les unions sont si contraires aux principes élevés qui est leur réelle essence, les mariages seraient le ciel même, au lieu d'être ce qu'ils sont trop souvent : un aspect de l'enfer et l'enfer même la plupart du temps.

La Loi de la Vie est La loi d'Amour.

La Loi même de la Vie, c'est la loi d'Amour, et cette Loi est souveraine et divine, parce que la vie est le fait d'une Cause éternelle qui est l'Amour se comprenant parfaitement lui-même. C'est pourquoi Dieu a été nommé par les plus grands esprits qui ont recherché l'essence de sa nature : Un acte pur d'amour et de raison. « Il n'y a pas, disait saint François de Sales, d'autre secret d'aimer que d'aimer. » « Mon amour, disait saint Augustin, est l'équilibre de mon être. » Ainsi, tout le mystère de Dieu est Amour. Or, Amour, signifie don de soi-même à l'objet aimé et par conséquent cette notion, pour être complète, comporte une réciprocité qui est la force d'union qui fait la vie et l'unité dans le conjugal, qui signifie conjonction, lien mutuel et accord parfait de deux natures complémentaires se soumettant volontairement l'une à l'autre pour se réaliser en une harmonie unitaire parfaite.

Dieu, Type du Conjugal parfait.

Dieu, dit avec raison Swedenborg, est le type éternel de l'union conjugale essentiellement parfaite. La vie bienheureuse de Dieu est formée de deux réalités essentielles étroitement unies ; l'une de ces réalités est l'Amour et l'autre est l'Intelligence. En Dieu, l'Amour est la volonté parfaite du Bien conforme au Vrai, et l'Intelligence est la connaissance parfaite du Vrai conforme au Bien, et cela à l'absolu de la Sagesse parfaite. C'est pourquoi ceux qui ont connu cette duelle harmonie de la nature Divine ont dit que Dieu est une triunité ; cette dualité, en effet, n'est pas un dualisme et un antagonisme mais un équilibre; la force même de cet indissoluble équilibre, cette force de réciprocité constante qui maintient cette union inébranlable est le troisième terme équilibrateur de la nature divine et il est évident que cela est à la fois distinct et un ; ainsi, dans le triangle, qui a souvent symbolisé la trinité divine dans la morphologie religieuse, les trois angles sont distincts et cependant la figure est une et de même qu'en mécanique, le triangle est considéré comme l'unique figure indéformable dans le monde de la matière, dans le monde divin la triunité de la vie divine est stable et éternelle à cause de sa nature même.

Avant Swedenborg, du reste, les hymnes Orphiques avaient dit : « Dieu est l'Epoux parfait et l'Epouse parfaite. » De son côté, saint Paul a dit aussi : « Le masculin n'est pas sans le féminin dans le Seigneur. » Enfin, dans toutes les traditions sacrées du monde, on retrouve la notion transcendante de la triunité, qui est, par excellence, la notion même du conjugal parfait dans la vie parfaite.

Telle est la loi éternelle du conjugal en Dieu, tel est son acte pur qui est Dieu même. Or, cette loi est la loi type de la vie universelle à tous ses degrés et si cette loi n'était pas au fond de la vie, il n'y aurait pas de vie, parce que partout, dans l'Univers, ce qui produit la vie est une conjonction qui résulte des affinités et que le but de cette conjonction est de procurer aux natures complémentaires et qui se complètent ainsi, une plénitude de bien et de bonheur à la mesure de leurs puissances, mais qui, dans l'homme, peut aller au-delà des puissances physiques ; enfin, par ce moyen seul, la vie est féconde, elle se continue et se perfectionne, et elle engendre incessamment de nouveaux êtres appelés à peupler l'immensité et à y réaliser le grand concert d'Amour qui est la fin même pour laquelle a été faite la vie éternelle.

Ainsi, tout ce qui vit, tout ce qui s'unit et se combine, du haut en bas de l'échelle cosmologique, depuis la vie spirituelle la plus élevée jusqu'à la vie matérielle la plus infime, le fait en vertu de la loi divine et universelle du Conjugal, torrent d'amour qui vient de Dieu et retourne à Dieu qui est son principe et son terme.

En quoi consiste le Ciel

Qu'est-ce maintenant, que le Ciel, d'après Swedenborg qui, du reste, est d'accord avec la grande philosophie spirituelle traditionnelle ?

Le Ciel, c'est le miroir vivant de la perfection divine, c'est un état d'être dans lequel les êtres reçoivent intérieurement la lumière de Dieu et sont embrasés de son amour, de sorte qu'ils vivent de cet amour et de cette lumière qui les modèlent autant que cela se peut, au type éternel de la perfection divine.

Ici-bas, nous n'avons aucune idée bien nette du ciel, parce que la matière est un voile opaque qui nous enveloppe et à travers lequel nous ne voyons les choses du ciel que d'une façon tout extérieure, vers laquelle nous nous tournons ; mais les êtres spirituels voient le ciel, c'est-à-dire l'intérieur des choses et ils voient clairement que la loi de l'amour, le conjugal est leur vraie vie, parce que c'est la vie du ciel et la vie de Dieu qui est la perfection de l'amour uni à la perfection de l'intelligence dans des noces sans nuages dont les délices font la joie de la vie éternelle.

L'Homme, type de la vie et du conjugal dans l'Univers.

Cependant, de tous les êtres de l'Univers, il en est un qui, étant le représentant le plus complet de la vie universelle, doit, par conséquent, être aussi l'image la plus parfaite du Conjugal Divin.

Cet être, c'est l'homme, l'homme qui est un petit univers réunissant en lui tous les éléments qui composent le grand Univers et qui, non seulement, comme le disent les traditions sacrées, est fait à l'image intelligible de Dieu, mais possède, au tréfonds de son être, une étincelle de divinité, par laquelle il participe à la nature même de Dieu, comme le remarquait saint Paul devant l'Aréopage d'Athènes, en prononçant cette parole admirable : « Oui, comme vos poètes inspirés l'ont dit, nous avons en Dieu la vie, le mouvement et l'être, car nous sommes vraiment la race divine. »

Si l'Humanité est la race divine, supérieure par conséquent à toutes les races d'êtres plus subtils ou plus denses qui pullulent dans l'invisible et dans le visible, elle est d'une noblesse qui l'oblige à manifester dans la vie universelle et dans le plan physique de la vie la qualité même de son origine ; elle en a reçu la mission spéciale, rappelée par tous les grands prophètes de la Lumière.

Or, Dieu étant Amour, la mission de l'Humanité est de manifester l'Amour et de le manifester d'après l'exemplaire éternel du Conjugal Divin. L'homme doit représenter, dans le monde physique et naturel et reproduire librement et consciemment la triunité divine. Car, s'il ne manifeste pas l'amour dans sa propre vie, comment peut-il être à la hauteur de son rôle qui est d'équilibrer l'Univers entier visible et invisible par la loi d'amour, comme l'attestent ces paroles admirables des *Livres Sapientiaux* : « Adonaï miséricordieux, qui as tout fait par ton Verbe, tu as établi l'homme médiateur de la vie des choses, selon les directions profondes que tu as infusées dans son cœur. »

Ce qu'est l'Homme.

L'Homme, comme l'ont remarqué les grands philosophes, est une volonté intelligente, il est un esprit conscient d'être cela; Par conséquent, on peut dire exactement qu'il est constitué à l'image de Dieu, puisque Dieu est Amour et Sagesse, Amour qui est volonté et Sagesse qui est intelligence.

Les traditions disent qu'originairement, en principe, l'homme était, spirituellement parlant, un Etre dans lequel le masculin et le féminin étaient unis et non distingués comme le furent ensuite les sexes, lors de cette distinction, en deux moitiés séparées.

Maintenant, le Genre Humain est partagé en hommes et en femmes, et ces deux moitiés d'un Etre unique cherchent sans cesse à se réunir, sans pouvoir, en général, arriver à réaliser une réunion réelle qui soit une unité vivante, c'est-à-dire un conjugal parfait. Cela tient à ce fait que, lorsque l'homme primordial a été scindé en deux êtres, l'un masculin et l'autre féminin, le masculin a gardé comme caractéristique dominante de sa nature propre et virile, la faculté intellectuelle rationnelle, tandis que, dans le féminin, qui fut une projection hors de lui-même, de la partie féminine de l'Etre Adamique Universel, la faculté amour, qui est la volonté sentimentale, a, de son côté, dominé. Il y a donc eu division d'un Etre unique en deux êtres distincts l'un de l'autre, quoique d'une même nature, de telle façon que chaque moitié est incomplète sans l'autre au physique comme au moral et dans le spirituel.

On sait que ce que l'on a appelé la chute d'Adam a été attribué, avec tous les malheurs qui ont suivi et dont l'Humanité porte toujours le poids lamentable, non pas à l'homme, mais à la femme. Il est dit que c'est Eve qui a commis l'erreur, et qu'elle a ensuite persuadé Adam de partager cette faute avec elle. Il est dit aussi, dans toutes les traditions du monde, que ce fut à l'instigation d'un être de la nature ondulatoire du serpent et plein de malice, c'est-à-dire une force interne de concupiscence, qui était déjà en acte dans la nature de l'Univers et sommeillait en puissance dans la nature même d'Adam, où elle pouvait être éveillée.

Ce sont là des voiles d'une vérité plus claire en elle-même et vérifiable aujourd'hui encore pour quiconque a des yeux pour voir.

Ce qu'on a appelé la chute, fut une progression cosmogonique descendante du grand Etre cosmique qui était l'Homme universel. Cette progression était dans la nature même des choses, mais elle devait se faire logiquement et graduellement, dans un milieu par avance préparé, et non pas aveuglément et brusquement, comme il semble que cela s'est produit, si l'on en croit les traditions.

La chute a consisté pour l'homme de l'Eden, dont la nature était immortelle dans un milieu lui-même immortel, à quitter ce milieu d'immortalité heureuse, pour entrer dans le plan voisin, où la matière était sujette à des transformations plus ou moins rapides, à une instabilité générale, à un antagonisme élémentaire provenant du déséquilibre naturel de cette matière imparfaite, et par conséquent à toutes les souffrances résultant de cet état de choses et à la pire de toutes : la séparation d'avec le monde spirituel et divin et la mort qui est la conséquence de la mutabilité des éléments qui y composent les êtres.

Or, qui a commis cette erreur ? Ce n'est pas la raison ni l'intelligence ; ce n'est donc pas le principe masculin de l'homme; ce fut le désir, la passion, le sentiment, agissant en dehors du contrôle de la raison et de l'intelligence et par conséquent ce fut la partie féminine d'Adam, et c'est pourquoi les traditions ont attribué l'initiative de la soi-disant chute à la femme, qui représente la faculté féminine d'Adam agissant hors du conseil et du contrôle de sa faculté masculine.

Tous les jours, le même fait se reproduit en petit sous nos yeux. La femme, sentimentale et impulsive, a la spécialité des erreurs de ce genre et perpétuellement elle tend, comme dans l'antique légende, le reste de la pomme qu'elle a malencontreusement mordue, à l'homme, en lui disant : « Finis le morceau et digère le tout. » Aujourd'hui comme toujours, la femme qui se trompe fait endosser à l'homme la responsabilité de ses erreurs et, la plupart du temps, c'est lui qui les paie, au point que l'adage : « Cherchez la femme » est presque généralement invoqué quand un homme est pris dans une affaire où la raison n'a pas fonctionné dans le sens du jugement éclairé équilibrateur.

Car, sachez bien que les grands initiés anciens, qui ont élaboré ces doctrines traditionnelles dont nous ne voyons plus l'idée profonde qu'à travers les voiles grossiers des fables et des mythes, ont été de subtils observateurs de la nature et de la manière d'être des choses et des êtres; en considérant des faits d'une répétition constante et invariable, ils en ont cherché et déterminé la loi, et c'est ainsi qu'ils ont conclu du particulier au général et ont pu dire : « Voilà ce qui a dû se passer en grand, parce que cela se passe toujours en petit; ce que nous voyons de l'Univers est un décalque et une analogie de ce que nous n'avons pas vu et ne voyons pas. Les mêmes effets ont les mêmes causes logiquement. »

L'Homme est à l'image de son milieu.

Les êtres sont ce que les milieux les font. L'homme actuel participe des facultés divines, sans doute, mais, dans le plan physique, ces facultés sont comme endormies en lui ; il est modelé à l'image des puissances actuelles du monde nervo-physique, et ces puissances ont tant d'empire sur sa nature, qu'infiniment rares sont ceux qui les dominent et sont capables de s'élever au-dessus d'elles pour vivre d'une vie éclairée par la lumière spirituelle des facultés intérieures de l'âme.

C'est à cette influence puissante de notre milieu déséquilibré, qu'il faut attribuer en grande partie l'antagonisme et le désaccord si général des sexes, désaccord qui ne fait que s'accentuer de plus en plus par l'accroissement de l'égoïsme dans les individus et les sociétés modernes.

A la loi vivante de l'équilibre entre les deux plateaux de la balance, c'est-à-dire à la loi du vrai et du bien, l'individu humain, mâle ou femelle, dans sa grossière nature, oppose la loi du plateau qui l'emporte sur l'autre, c'est-à-dire la loi du faux et du mal, la loi du déséquilibre inférieur, qui provient de l'égoïsme irréfléchi ou réfléchi.

Ce que l'individu humain, alors, appelle du nom profané de l'Amour, c'est une espèce de « croque-au-sel » où le meilleur est mangé par le pire ; on aime les autres comme on aime le pigeon à la meilleure sauce possible ; heureux encore est le pigeon quand, après l'avoir mangé, celui qui l'a mangé ne déclare pas qu'il était coriace et, somme toute, un mauvais pigeon.

Le mariage, quand il n'est pas un jeu de hasard ou un coup d'éphémère passion, est un marché, un calcul, et cela devient un enfer, parce que c'est un mensonge et un sacrilège, dont une société, organisée la tête en bas, est complice. Qu'est-ce que c'est que l'amour qui tue l'objet qu'il prétend aimer, sous prétexte que cet objet ne lui rend pas la pareille ou trompe son attente? En matière d'amour, on comprendrait plutôt celui qui meurt de son amour que celui qui en fait mourir les autres; mais si celui-là même savait, il n'en mourrait pas, car, par le fait que l'objet qu'il aime ne répond pas à son sentiment pour lui, c'est qu'il se trompe à son sujet. L'essence de l'amour est l'affinité et la liberté ; l'amour exige deux complémentaires en parfaite correspondance de toute leur nature et là où cette correspondance manque, soit totalement ou par un point important, on peut se faire illusion, mais il n'y a pas d'amour réel et profond, il n'y a qu'un goût superficiel, fondé sur des apparences trompeuses et sur des motifs éphémères.

Dans l'homme moyennement évolué, en effet, l'amour a des exigences plus grandes que dans les êtres qui lui sont inférieurs.

Dans les animaux, il se borne, en général, sauf dans quelques rares espèces, à une union à leur convenance physique et qui a pour but unique, outre la satisfaction de l'instinct naturel qui la motive, la reproduction de l'espèce. Dans le monde végétal, il en est de même, et dans le monde minéral, le but des affinités est atteint quand la cohésion des éléments a déterminé le statut utile des corps composés.

Mais, dans le monde humain, l'affinité a des besoins plus étendus et qui dépassent les satisfactions du monde matériel.

L'homme, en effet, est un animal raisonnable, composé d'un organisme physique et d'un organisme hyperphysique; il a un corps, par lequel il tient aux nécessités du monde animal et de la nature physique, mais il a aussi une âme, par laquelle il tient aux nécessités plus élevées du monde spirituel et de la nature hyperphysique, et il n'y a pour lui de véritable amour que celui qui tient compte de sa double nature et voit plus loin et plus haut que les choses de la matière.

Le véritable amour humain doit être non seulement une union des corps, mais encore une union des âmes. L'homme est un être dont la vie n'est pas bornée au monde physique et se continue au-delà ; le véritable amour est celui qui, comme l'homme, est immortel et, s'éprouvant sur la terre, est capable de se continuer et de se parfaire dans les cieux. Aussi est-ce la loi d'amour du ciel qui doit se refléter dans le véritable amour de la terre. Hors de cette condition, il n'y a pas d'immortalité pour l'amour humain et cet amour même est une duperie mortelle.

L'Amour du Ciel.

Pour mieux comprendre cette vérité, voyons ce que Swedenborg dit des mariages du ciel, d'après ce qu'il affirme avoir vu de ses propres yeux spirituels.

D'abord, il pose en principe que les sexes sont immuables, contrairement à une singulière théorie moderne de je ne sais quelle permutation des sexes, liée à une théorie non moins enfantine de la réincarnation, théorie qui a le grave défaut d'être surtout chère à des sujets qui sont généralement extrêmement dégénérés du type qu'ils prétendent avoir réalisé dans une existence antérieure, ce qui constitue le plus typique exemple connu de l'évolution à rebours et de la marche en avant à reculons.

Swedenborg dit qu'après avoir observé longtemps et avec grande attention les différences si caractéristiques et si constantes qui distinguent, à tous les âges de la vie, la nature masculine de la nature féminine, il a compris qu'il était impossible que, dans l'autre monde, le monde spirituel, chaque nature ne reste pas identique à elle-même ; et c'est là une observation de saine raison.

A quelle femme, en effet, pourrait-on dire sans l'offenser qu'elle a l'air d'un homme, et quel homme supporterait qu'on lui dise qu'il a l'air d'une femme? Ce à quoi l'homme et la femme tiennent le plus, c'est à la qualité de leur sexe propre. Eternellement donc et logiquement, l'homme doit rester masculin et la femme féminine, que ce soit dans ce plan de l'Univers que Swedenborg appelle les enfers, dans ce plan opposé qu'il appelle les cieux, ou dans le plan intermédiaire, qui n'en est que comme le vestibule, et qu'il appelle le *Hadès* ou monde des esprits qui n'ont pas encore été déterminés définitivement pour les plans inférieurs ou les plans supérieurs.

Si donc les sexes demeurent distincts dans le monde spirituel, il est évident qu'ils doivent y obéir à une loi analogue à celle qui les régit sur la terre, à la grande loi du conjugal, qui est leur loi propre, la loi universelle de la vie.

L'homme et la femme sont donc faits pour s'unir afin de se compléter et de réaliser de nouveau en eux la grande réalité primordiale de l'unité, la vie double et triune du parfait amour.

Quand on dit, ici-bas, qu'un mariage réel entre époux bien unis et bien assortis est le parfait bonheur sur la terre, un bonheur qui est plus fort que tous les malheurs et plus fort même que la mort, on formule sans s'en douter la loi même et la vérité du conjugal du ciel. Or, Swendenborg dit que dans le ciel, le ciel lui-même est l'amour conjugal parfait et que le conjugal parfait y résulte de l'union intime des facultés essentielles qui font l'homme, c'est-à-dire l'entendement, l'intelligence du Vrai, et des facultés essentielles qui constituent la femme, c'est-à-dire l'amour, la volonté du Bien.

Mais, il s'agit ici du ciel, et le ciel n'est l'amour conjugal parfait que parce que l'intelligence de l'homme y est ouverte au sens du vrai éternel et le cœur de la femme ouvert au sens du bien éternel. L'un et l'autre doivent avoir, l'un compris et l'autre senti ce par quoi le vrai et le bon sont divins, et c'est cela qui est la lumière et le feu de leur amour, c'est cela qui fait les délices de leurs noces sans nuages, alors que, sur la terre, l'homme et la femme ne voient le vrai et le bien que sous une fausse lumière et dans une chaleur plus fausse encore, en les rapportant, non pas à leur valeur transcendante, mais uniquement à l'idée égoïste, personnelle et arbitraire qu'ils s'en font pour leur satisfaction propre et individuelle, d'où naît, en général leur désaccord.

Plus on monte dans les sphères spirituelles, dit Swedenborg, et plus on trouve l'amour conjugal plus pur, plus parfait, plus rempli de délices, plus imprégné des béatitudes ineffables qui sont la vie même de Dieu, type éternel du parfait Amour.

Swedenborg dit que ceux qui ont été mariés sur la terre se retrouvent au-delà de la mort, dans le monde intermédiaire des esprits, et que là se décident la durée ou la rupture définitives de leur union, selon qu'elle a été, sur la terre, purement matérielle ou semi-matérielle et spirituelle. Il ajoute que ceux qui n'ont pu, ici-bas, réaliser une union conforme au conjugal divin, trouvent, au-delà de la mort, le véritable conjoint à l'aide duquel ils doivent obéir à la loi suprême de la vie.

L'essence du conjugal est, notez le bien, l'essence même du ciel, c'est-à-dire l'équilibre parfait entre l'amour et la volonté. De même que l'être qui entre dans la vie du ciel ne peut y entrer que s'il est d'accord avec lui-même et avec ce qu'il y a de divin dans le vrai et dans le bien et en les concevant et en les aimant comme indissolublement unis, ainsi deux êtres qui s'unissent conjugalement doivent le faire en vertu d'une affinité profonde, libre et réciproque l'un pour l'autre d'abord, et ensuite pour la même conception et le même amour du même bien et du même vrai. L'union de ces deux êtres en fait alors un seul être, un androgyne, un ange, comme dit Swedenborg, et dans lequel l'esprit masculin fait fonction d'intelligence et de vérité vivante et l'esprit féminin fait fonction d'amour et de bonté vivants ; ils doivent être d'accord comme, dans un individu, la tête et le cœur doivent être en équilibre, parce que c'est cet équilibre seul qui donne la paix et qui fait le bonheur.

Certes, l'homme reste homme et la femme reste femme ; dans ces noces idéales et délicieuses, aucun des deux ne perd son individualité propre et personnelle, mais la grande force de l'amour qui les unit fait qu'ils se plaisent à se subordonner l'un à l'autre et, parce que chacun d'eux comprend et sent la nature de la vérité et celle de la bonté, chacun d'eux ne veut que ce que l'autre aime et n'aime que ce que l'autre veut.

Les noces du ciel sont le mariage du bien et du vrai vivants, et la source de la beauté des époux spirituels est précisément cet amour, vraiment et uniquement conjugal, du vrai et du bien, compris et aimés par chacun d'eux d'une façon identique.

L'Amour du Ciel est monogame.

C'est pour cela, c'est à cause de cette loi de la vision et de l'amour d'une réalité identique, que le véritable amour conjugal ne peut exister qu'entre un seul époux et une seule épouse; et que le véritable mariage doit être essentiellement monogame. Il est impossible, en effet, qu'un être qui a plusieurs conjoints, comme dans la polygamie ou la polyandrie, réalise cette unité profonde de l'amour qui, seule, en fait les délices. Une pareille manière de concevoir l'amour conjugal est entièrement opposée à l'essence même de cet amour et à sa divine économie, tout autant que, dans le mariage monogame lui-même, les joies de l'amour sont impossibles, lorsqu'un des deux conjoints est animé par l'égoïsme et l'esprit de domination sur l'autre soit par la force soit par la ruse. Une telle manière de concevoir l'union conjugale appartient à l'enfer, elle est l'enfer lui-même: hélas! il faut le reconnaître, ce n'est là trop souvent que la manière de la terre aussi, et c'est pourquoi les ménages terrestres sont trop souvent des ménages infernaux, où le plus malheureux des deux n'est pas toujours le plus réellement opprimé, mais souvent le plus oppresseur lui-même; car il n'y a pas de pire esclave que celui qui est dominé par sa propre passion de dominer les autres, et l'on voit même des tyrans, dans les deux sexes, et particulièrement dans le genre féminin, qui s'ignorent au point de se prendre pour des victimes. C'est le comble du châtiment spirituel dans le genre.

L'Humilité et la Douceur sont les Vertus fondamentales du Ciel.

N'oublions pas que la pierre fondamentale du ciel, c'est l'humilité et la douceur et que là où cette double vertu unie au respect de la loi de la liberté, ne règne pas, il n'y a pas de ciel et il n'y a pas d'amour, il ne peut pas y avoir de fusion entre les natures, de pénétration de l'une par l'autre et d'intime communion et par conséquent pas de bonheur et pas de joie, car c'est de cela même que découle le torrent des joies qui sont l'amour conjugal selon l'esprit.

C'est en vertu de cette même loi, que Swedenborg disait que deux êtres de religion différente ne peuvent former un véritable mariage, spirituellement entendu. Et en effet, quand nous voyons, dans l'Ecriture, le récit d'un mariage entre un homme et une femme prédestinés l'un à l'autre, nous trouvons cette parole sur leurs lèvres, parce qu'elle jaillit de leur cœur : « Ton pays sera mon pays et ton Dieu sera mon Dieu. »

Caractère intérieur des vraies Noces.

Les véritables noces sont donc des noces intérieures, qui se font, parce que, ceux qui s'unissent ne le font que par la force des affinités profondes de leur nature interne. Ici-bas, ces affinités se manifestent bien rarement, parce que le voile de la matière ne laisse pas transparaître la véritable face de l'esprit ; les apparences sont trompeuses, et quand l'intérêt s'en mêle, l'hypocrisie sait égarer le trop confiant adorateur, jusqu'au jour où, arrivée à son but, elle se démasque, croyant qu'elle n'a plus rien à ménager; mais, dans le monde spirituel, il n'en est pas de même ; chacun a le visage même de son âme et l'erreur n'est plus possible : comme l'éclair qui, en un instant zèbre le ciel et unit l'orient à l'occident, des extrémités du monde spirituel, deux êtres faits l'un pour l'autre s'envolent l'un vers l'autre sur les rayons même de leur intime amour, ils se rencontrent dans un baiser de lumière et leur double nature chante aussitôt l'hymne triomphante de l'unité.

Visions de Noces célestes.

Swedenborg, dans son livre intitulé *Les mémorables*, a donné des descriptions merveilleuses des fiançailles et des noces du ciel, sous des symboles rayonnants. Il rapporte qu'un jour il entendit une voix qui lui dit : « Nous avons perçu que tu médites sur l'amour conjugal ; or, nul ne sait, sur les terres, ce qu'est le véritable amour conjugal dans son origine et dans son essence ; il est pourtant important de le savoir, c'est pourquoi il a plu au Seigneur d'ouvrir pour toi les Cieux, afin que, dans les intérieurs de ton mental, influe la lumière qui illumine et qui donne la perception des choses. Les délices des Cieux viennent principalement de l'amour conjugal ; nous allons donc envoyer vers toi un couple d'époux, afin que tu voies ».

« Aussitôt, apparut un char descendant du Ciel suprême et brillant comme un diamant ; on y voyait un seul Ange ; mais, comme il approchait, on en vit deux ; il était attelé de deux chevaux blancs comme la neige ; ceux qui y étaient assis tenaient dans leurs mains deux tourterelles. Ils me crièrent : « Veux-tu que nous approchions davantage ? Mais, alors, prends garde que l'éclat du Ciel d'où nous venons, et qui est de flamme, ne te pénètre; son influx illumine, sans doute, les idées supérieures de l'entendement, qui, en elles-mêmes, sont célestes, mais ces idées sont ineffables pour le monde dans lequel tu vis. Reçois donc rationnellement ce que tu vas entendre et expose-le de cette même manière. » Et je répondis : « Je prendrai garde; approchez-vous. »

« Ils s'approchèrent et voici : c'était un époux et son épouse. Ils me dirent : « Nous sommes époux; depuis le temps que vous appelez l'âge d'or, nous avons vécu heureux et toujours dans la même jeunesse. » Je les regardai attentivement l'un et l'autre, car je perçus qu'ils représentaient l'amour conjugal dans sa vie par leurs visages, et dans sa parure par leurs vêtements. Le mari paraissait être entre la jeunesse et l'adolescence ; de ses yeux rayonnait une lumière scintillante, dérivée de la sagesse de l'amour et tout son visage en était resplendissant. Il était vêtu d'hyacinthe, ceint d'or, et sur sa ceinture brillait une escarboucle entre deux rubis; il avait des bas de lin et d'argent et était chaussé de velours. Tout cela représentant en symboles l'amour conjugal chez cet époux. Quant à l'épouse, je vis sa figure et ne la vis pas, c'est-à-dire que je la vis comme la beauté même, mais sans que cette vision put être détaillée et décrite; car il y avait, dans son visage, la splendeur d'une lumière enflammée, comme elle brille pour les anges du Ciel suprême, et je restai stupéfait. L'épouse s'en aperçut et me dit : « Que vois-tu ? » Je répondis : « Je ne vois que l'amour conjugal et sa forme, mais je vois comme sans voir ». Alors, elle se détourna obliquement de son mari, et je pus la regarder avec plus d'attention. Ses yeux brillaient de la lumière de son Ciel, lumière enflammée qui a sa source dans l'amour de la sagesse comme celle de l'époux tirait la sienne de la sagesse de l'amour; de là provenait son inexprimable beauté. Elle était vêtue de pourpre agrafée de rubis, couronnée de fleurs s'étageant en diadèmes, avec un collier d'escarboucles aux pendentifs de chrysolites assemblées en roses, et des bracelets de perles. Mais ce qui m'étonna, c'est que les couleurs variaient suivant l'attitude de cette épouse vis-à-vis de son époux et réciproquement, et étaient, de ce chef, plus ou moins brillantes. Quand j'eus observé, ils me parlèrent. Et je vis que quand le mari parlait c'était d'après l'épouse, et que quand celle-ci parlait c'était comme d'après son mari; parce que les paroles viennent du mental et que leurs mentals était parfaitement unis. J'entendis alors également le rythme sonique de l'Amour conjugal : il était intérieurement simultané et procédait aussi des délices de l'état de paix et d'innocence. Ils s'en retournèrent ensuite comme ils étaient venus. »

Une autre fois, Swedenborg vit deux anges qui venaient, l'un du midi, l'autre de l'orient. L'ange de l'orient, vêtu de pourpre, et l'ange du midi, vêtu d'hyacinthe, accoururent comme deux souffles et se confondirent; l'un était un ange d'amour et l'autre un ange de sagesse. Le guide de Swedenborg lui dit que ces deux êtres avaient été liés sur la terre d'un amour intime et constant, quoique séparés par les distances. Car c'est le consentement intime qui est l'essence de l'amour conjugal sur la terre comme au ciel.

Swedenborg appelle, par analogie, les conjoints spirituels des noms de mari et d'épouse, mais il fait observer admirablement que le vrai nom de chacun est une expression qui signifie : le mutuel de l'autre.

La fécondité des Noces du Ciel.

Quoique ne produisant pas d'enfants, comme les noces de la terre, les noces du ciel ne sont cependant pas stériles; car l'amour est la fécondité même et il doit être fécond dans les plans de l'esprit comme il l'est dans le monde des corps, mais il l'est différemment. D'après Swedenborg, le mariage céleste étant formé par l'union du vrai et du bien, de l'intelligence et de l'amour, produit infiniment des idées vraies et des sentiments bons; ce sont là les enfants de ces noces de lumière et la couronne vivante de ces glorieux mariages.

Il n'y a rien à dire du conjugal infernal; il ne mérite pas ce nom de conjugal; il n'y a dans les enfers, en fait de conjugal, que ce dont nous voyons trop d'échantillons sur la terre; en enfer, on se dispute et l'on agit comme dans les pires milieux de notre triste monde d'ici-bas. C'est là que règne la perversion du ciel et cela n'a qu'un nom: la discorde, la tyrannie, l'oppression, l'égoïsme, l'esclavage, le mal.

Conclusion.

Hélas ! direz-vous, vous nous parlez du ciel et nous sommes sur la terre.

Mais la terre et le ciel, ce sont des mots. Le ciel est là où brille sa lumière, et, comme disait Jésus, le Divin Règne est en vous selon votre volonté, qui n'est autre que votre amour intérieur; et qui est-ce qui aime sans comprendre et comprend sans aimer, et qui est-ce qui aime et comprend à la fois et vraiment sans vouloir posséder ce qu'il comprend et ce qu'il aime comme étant le vrai et le bon ?

Sans doute, pour un mariage, il faut être deux à aimer et à comprendre la même vérité et le même bien; sans doute, aussi, bien souvent, le bon est voilé et le vrai est énigmatique pour beaucoup d'êtres. Mais ne peut-on pas travailler à soulever les voiles et à résoudre les énigmes, et n'est-ce pas là une œuvre plus utile que d'épaissir encore davantage les voiles et d'embrouiller de plus en plus les énigmes, comme le font tant de personnes qui ne parlent que des droits de l'un ou l'autre sexe et en oublient complètement les devoirs.

Sachez qu'un droit ne peut pas être affirmé sans que s'affirme en même temps un devoir correspondant ; c'est ce que l'on oublie complètement aujourd'hui ; sachez aussi que, pour faire un tout, il faut deux moitiés qui se joignent et s'équilibrent et que chacune des deux a un rôle distinct de celui de l'autre et que c'est en accordant les rôles sans les confondre, que l'on fait de l'harmonie, et ainsi seulement. Perdez l'illusion, si vous l'avez, que quand les femmes feront le métier des hommes, ce sera le paradis terrestre ; il est une chose que je ne souhaite ni aux femmes, ni aux hommes, c'est de faire l'expérience de ce paradis là ; l'homme et la femme sont différents et faits pour se compléter et non pour se substituer l'un à l'autre et dominer l'un sur l'autre. La loi de la vie a donné à l'homme l'intelligence et à la femme le sentiment, afin que l'intelligence soit adoucie par le sentiment et que le sentiment soit éclairé et guidé par l'intelligence.

La vie est un labeur pénible ; on n'est pas trop de deux pour en supporter le poids ; dans l'ordre de l'amour, ce qu'on appelle amour et cela seul qui est digne du nom sacré d'amour, c'est le don mutuel de soi-même; dans le véritable amour, ce don est complet et, comme l'a fort bien dit saint Paul, qui a traité avec sagacité et expérience cette question profonde, dans le véritable amour, l'un appartient à l'autre, parce que, comme l'a fort bien dit Swedenborg, chacun est le mutuel de l'autre.

La loi d'amour est une loi de libre affinité et de libre fusion, et là où l'un se dispute lui-même à l'autre, il n'y a que des étrangers et, au fond, des égoïstes et des ennemis, des fardeaux, qui ne peuvent être supportés que par des motifs d'intérêt matériel puissant ou par le sentiment d'un devoir supérieur qui met son espérance en des consolations de sacrifice élevé que les âmes vulgaires ne connaissent pas.

Je connais bien des gens qui se prétendent des victimes de l'amour et du mariage, mais j'ai vu que, bien souvent, les vraies victimes ne sont pas celles qui se plaignent le plus et qui, si elles s'examinaient bien et en conscience, s'apercevraient qu'elles ont fait elles-mêmes leur propre malheur. Elles n'aimaient pas, elles ont menti à la loi vraie de l'amour, elles s'aimaient seulement elles-mêmes, et non seulement ce genre d'amour ne se donne pas, mais il prend et ne rend rien.

Le remède, c'est d'éclairer les cœurs et les intelligences, c'est d'enseigner la vraie loi d'amour qui est la même que la loi de sacrifice. Mais, dans l'amour véritable, le sacrifice est léger; car celui qui sait donner par amour, ouvre une source qui reçoit à son tour d'autant plus qu'elle donne; c'est une loi qui ne se vérifie pas toujours dans le monde des choses matérielles, mais qui est infaillible dans le monde des forces spirituelles.

En ce monde terrestre, la souffrance est le lot du plus grand nombre assurément, mais elle est allégée par la foi et elle se guérit par l'amour. Si l'on savait ce que c'est que l'amour vrai, la foi serait rayonnante et la souffrance se changerait en joie. Ceux qui n'ont pas souffert spirituellement ne savent pas ce que c'est qu'aimer d'un amour vraiment supérieur, et ceux qui aiment ainsi ont la foi lumineuse et féconde, parce qu'ils savent, sentent et voient, et ils supportent, pour des motifs supérieurs aux motifs vulgaires de l'égoïsme qui, lui, ne supporte pas, parce qu'il n'aime pas et ne sait rien que lui-même et c'est bien peu de chose.

Aimez et vous serez forts, et cette force même engendrera en vous la lumière, et la sagesse vous ouvrira ses voies, où vous marcherez d'un pas ferme. Vous aurez alors la puissance qui fait les miracles, et le plus grand de tous, celui de réaliser sur la terre et quoique à l'insu de la terre, un peu de la vérité du Ciel.

PRINCIPAUX OUVRAGES DE SWEDENBORG

DÉBUT. — ŒUVRES SCIENTIFIQUES :

Le Dédale hyperboréen.
Traité d'Algèbre.
Esquisse des Premiers Principes.
Œuvres philosophiques et minérales.
Economie du Règne Animal.
Le Règne Animal.

EVOLUTION. — ŒUVRES PHILOSOPHIQUES :

De l'Infini.
Comparaison de l' « Esquisse des Premiers Principes » avec l'Ontologie et la Cosmologie de Wolff.
Le chemin de la Connaissance de l'Ame.
Les relations de l'Ame et du Corps.
La Psychologie rationnelle.

TRANSITION. — ŒUVRES PHILOSOPHICO-MYSTIQUES :

Du Culte et de l'Amour de Dieu.
Histoire de la Création selon Moïse.

ABOUTISSEMENT. — ŒUVRES MYSTIQUES :

Les merveilles du Ciel et de l'Enfer, d'après ce qui a été vu et entendu.
Le Jugement dernier et la destruction de Babylone.
Tablettes.
Journal Spirituel.
Des Terres de notre monde solaire, appelées Planètes et des Terres dans le ciel astral ; de leurs habitants, esprits et anges, d'après ce qui a été vu et entendu.
Les Arcanes célestes.
L'Apocalypse expliquée.
L'Apocalypse révélée.
Du Divin Amour et de la Divine Sagesse.
De la Divine Providence.
De l'Amour Conjugal.
La Nouvelle Jérusalem et ses doctrines célestes.
Les Quatre doctrines principales de la Nouvelle Eglise.
La Doctrine de la Charité.

TERME. — OUVRAGE SYNTHÉTIQUE :

La vraie Religion chrétienne, contenant la théologie universelle du Nouveau Ciel et de la Nouvelle Eglise.

Les Forces Mystiques et la Conduite de la Vie

Par SÉDIR

I. *Les Forces Mystiques et la Conduite de la Vie*. Conférence inaugurale. — II et III. *Le Mysticisme*. — IV. *Les Guérisons du Christ*. — V. *Les Esprits*. — VI. *Les Songes*. — VII. *La Prière*. — VIII. *Les Tentations du Christ*. — IX. *Le Maître*. — X. *La Mort*. — XI. *L'Initiation Christique*. — XII. *L'Apostolat*.

Beau volume in-8°. — Prix *franco* : **6** fr.

Chacune de ces 12 Magistrales Conférences est envoyée *franco* sur demande accompagnée de **0 fr. 75**.

« M. Sédir poursuit une grande œuvre, à la fois intel-
« lectuelle et mystique. Il a entrepris de restituer aux
« Evangiles leur sens occulte, et de rendre sensible à
« tous les cœurs la personnalité surhumaine de Celui qui
« en fait le centre. Un tel dessein exige un savoir très
« vaste, et des dons supérieurs au savoir, qui le dépassent
« et l'humilient. L'auteur possède l'un et les autres.
« Les douze conférences réunies ici, ont de quoi, par la
« beauté de leur style et les connaissances qu'elles com-
« posent, charmer toutes les intelligences. Mais c'est le
« moindre de leurs bienfaits, et ce n'est pas, à coup sûr,
« leur but. Ce qu'elles visent est plus haut, le plus haut,
« sans doute qu'on puisse atteindre. Elles veulent émou-
« voir en nous l'intuition même du divin, par la percep-
« tion immédiate de sa réalisation historique. A chacun
« de savoir, pour son compte, jusqu'où elles y parviennent,
« en lui. Je ne pense pas que, depuis longtemps, on ait
« fait un effort plus utile. On ne juge pas de tels livres,
« on les sent. Celui-ci est du premier ordre. »

(*La Revue*, n° 21, 1er nov. 1912). GABRIEL TRARIEUX.

ALTA (docteur en Sorbonne). — **Le Christianisme Originel**, br. in-18, 180 pages, prix *franco*.......................... 2 francs.

L'Origine du Christianisme est un des sujets qui retiennent le plus justement l'attention. Son histoire, trop souvent voilée, méritait d'être exposée avec une indépendance capable d'élever son exacte origine à la hauteur d'un document historique. Ce but fut l'unique préoccupation de l'auteur, dont l'érudition exceptionnelle rayonne les splendeurs de la clarté et de la puissante raison appuyées sur des sources certaines. Ces pages nous dévoilent la préparation providentielle et véritable du Christianisme, ses péripéties et ses splendeurs.

ARNULPHY (Dr V.) et J.-G. BOURGEAT. **Respiration transcendante. Méthode de Culture psychique**. Art de développer en soi des Pouvoirs merveilleux et cachés et *de prolonger la Vie* bien au-delà des limites ordinaires. 1 vol. in-18, édition soignée, reliure souple. Prix. 10 fr.

Cette méthode, fruit d'une longue expérience, est divisée en huit leçons qui marquent autant de degrés dans l'évolution psychique. Elle est par excellence le livre de chevet, le guide sûr de ceux qui cherchent leur voie en s'assurant le bonheur.

ARNULPHY (Dr V.) **La Santé** par la *Science de la Respiration et la Culture physique*. Cours complet de gymnastique respiratoire, suivi d'un manuel de thérapeutique respiratoire, 3e édit. illustrée, revue et augmentée d'un important chapitre sur la Respiration dans les Sports et l'Athlétisme. 1910, br. in-8 fr.

Cette méthode précise et d'une importance capitale pour l'hygiène générale. L'acte respiratoire est un acte vital : *Respirer, c'est vivre*; bien respirer : c'est alimenter ses centres nerveux et tous leurs organes de la *force-vie* indispensable à leur fonctionnement, c'est mettre tout son être à l'abri des maladies et lui fournir, au besoin, le moyen de vaincre toutes les affections qui s'emparent des corps affaiblis. Une respiration méthodique donne à celui qui la pratique une confiance physique, un bien-être intellectuel et moral qui assurent le bonheur de vivre. Ce moyen est à la portée de tous.

FARÉMONT (Dr H. de). — **Flocons de Neige.** Br. in-18, prix *franco*.. .... 1 franc.

Sous son titre modeste, cette brochure cache un délicieux Recueil de Pensées dont les clartés spirituelles brillent comme un phare dans la nuit. Le Dr de Farémont a le secret de ces rayonnements qui sont, pour toutes les âmes qui l'approchent, de robustes et consolants réconforts.

FARÉMONT (Dr H. de). **La Force d'Amour.** Br. in-12. 1 fr.

L'amour est une force immense encore inconnue et indispensable à l'équilibre de la santé physique et morale de l'homme. La nature de cette force, ses effets et le moyen de l'acquérir sont autant de secrets que l'auteur, un savant initié, livre sans réserve au lecteur.

GAFFAREL (J.). **Profonds mystères de la Cabale Divine** Traduit pour la première fois de l'original latin, par Samuel BEN-CHESED avec introduction du Dr MARC HAVEN. Br. in-16, prix : **3 fr.**

Cette précieuse étude confond les détracteurs de la Cabale; elle démontre l'existence des mystères de la *Thorah* les arcanes qui mènent aux portes du Ciel. Sa place se trouve à côté des Philippe d'Aquin, des Reuchlin, des Pic de la Mirandole, des Drach, des Molitor et du *Tarot* de Papus. Cet ouvrage d'un savant cabaliste qui fut l'un des magiciens attitrés du Cardinal de Richelieu est d'une valeur initiatique exceptionnelle, il se recommande aux esprits amoureux des secrets profonds et des clartés suprêmes

J. A. R. — **Lueurs spirituelles.** *Notes de Mystique pratique*, br. in-18..... 1 fr. 50.

Pour venir en aide à celui qui cherche; donner la lumière à celui qui est aveuglé par la souffrance; réconforter celui qui est affaibli par les blessures reçues dans les combats de la vie : tel est le but de cette œuvre courageusement vécue et pleine de vérités. Comme un ami fidèle et sûr, ce livre, d'une utilité pratique de tous les instants, si rempli de fécondes clartés, se recommande de lui-même.

KOMAR (M. de). **A Travers l'Invisible**, illust. de M.-B. ROBINSON, 1 vol. in-12, 1 fr.

Les enseignements et les vérités du spiritualisme sont présentées sous la forme attrayante de contes que les enfants eux-mêmes peuvent lire, et éveillent en leur neuve intelligence de nobles curiosités.

LA BEAUCIE (Albert). **Les Nouveaux Horizons scientifiques de la Vie.** Nouvelle édition in-18, Jésus, 2 fr.

Ce traité *synthétique de Spiritualisme expérimental* est une œuvre positive, basée sur les contributions scientifiques de la psychologie moderne. Les procédés d'expérimentation décrits dans cette œuvre sont le fruit d'une longue expérience et d'une connaissance scientifique approfondie des phénomènes.

PAPUS (Dr Encausse). — **L'Ame Humaine.** *Avant la Naissance et après la Mort. — Constitution de l'Homme et de l'Univers. — Clefs des Evangiles, Initiation Evangélique*, d'après *Pistis Sophia*. Avec 4 figures et tables explicatives de Pistis Sophia. Br. in-18, nouvelle édition : prix : 1 fr. 50.

L'œuvre du célèbre gnostique Valentin, que M. E. Amelineau a traduite et au sujet de laquelle il manifesta une si haute conscience de savant, est d'une grande importance au point de vue de la diffusion du spiritualisme chrétien. Mais cette œuvre avait besoin d'une clef pour être facilement comprise par les lecteurs non encore initiés. C'est cette clef que le Dr Papus, avec la lucidité d'esprit qui lui est particulière, s'est efforcé de trouver et de dévoiler.

PASTEUR B... (**Instructions du**). Br. in-18, prix : 0 fr. 50, *franco* .... 0 fr. 60

Etude intéressante sur douze sujets spiritualistes très heureusement traités : Le Ciel et l'Enfer. — La Conscience. — La véritable Egalité. — La Justice spirituelle. — La Justice sur la Terre. — La Loi d'Amour. — La Prière. — La Réincarnation. — Les Vivants et les Morts. — Le Spiritualisme au point de vue social et scientifique. — Vérité! Bonté! Idéal! Justice!

PETIT (Abbé). **La Rénovation religieuse**. *Doctrine et Pratique de Haute Initiation* (2e édition). Gr. et fort vol. in-8e, br. : 5 fr. *Franco* : 5 fr. 50.

Ce livre se divise en deux parties : 1° Le Livre de la Connaissance : *Dieu et son œuvre*; — 2° Le Livre des Transformations : *L'Humanité et ses aptitudes spirituelles*. Dans la première, l'auteur envisage le monde tel qu'il est, à partir de Dieu jusqu'à la matière brute; il précise sur chaque question ce qu'il considère comme la vérité. Cette première partie projette une lumière éclatante sur quantité de questions que l'enseignement ecclésiastique laisse dans l'ombre. A noter que l'auteur se prononce nettement contre la confession qu'il démontre être d'institution humaine. — La seconde partie a été composée pour conduire l'âme, depuis la simple religiosité jusqu'aux plus hauts états mystiques. On ne se fait pas une idée, dans le monde, des choses étonnantes que révèle la théologie mystique, et des transformations que subissent les âmes soumises à un entrainement religieux méthodique. — Ce livre trace les grandes lignes de ce que sera la religion, au point de vue cultuel, dans un avenir prochain, et beaucoup de personnes torturées par le doute et comme désemparées, ont été par sa lecture rapidement fortifiées.

PETIT (Abbé J.-A). **Le Christianisme, son Universalité, ses Déviations, son Avenir.** Un vol. in-12, 1 fr. 50. *Franco* : 1 fr. 75.

Ce petit livre est gros de conséquences. — Fruits de longues études, il présente le Christianisme tel qu'il a été annoncé par ses disciples immédiats. — Défiguré par les hommes, le Christianisme n'est même plus un pastische de l'œuvre du Maître, c'est une déformation qui n'a rien conservé de son origine. — Ce livre, déjà publié en allemand, est écrit par un prêtre positiviste qui se base exclusivement sur des textes et non sur des interprétations plus ou moins fantaisistes. — L'Abbé J.-A Petit ne connait qu'un Maître, le Christ; qu'une doctrine, celle qu'il a enseignée, et ils sont déjà nombreux ceux qui adhèrent à la Rénovation religieuse.— Ce livre ouvre des horizons absolument nouveaux sur l'œuvre du Christ, qu'une classe d'hommes avait enténébrée dans un but de domination. L'abbé Petit délivre le monde de ce cauchemar, et lève bien haut l'étendard de la liberté spirituelle.

PHANEG. **Méthode de Clairvoyance Psychométrique.** Préf. du Dr Papus, br. in-18 1 fr. 50.

La lecture de l'Aura (rayonnement invisible des êtres et des choses) est un des sujets les plus captivants de la pratique occulte. La Vision simple, la vision avec Clairaudience, la Clairaudience sans vision, la Vision de l'état astral ou mental d'un être humain indiquent le processus du développement de cette précieuse faculté.

SÉDIR. **Conférences sur l'Evangile.** T. I. — *L'Enfance du Christ*, 2e édition considérablement augmentée. 1 vol. in-8 (belle édit.). Prix : 5 fr.

L'Evangile, clef et substance de l'Initiation, est analysé dans ses faits les plus importants. Exposés dans leur simplicité, ils rayonnent d'une singulière clarté qui est le secret du commentateur.

SÉDIR. **Conférences sur l'Evangile.** T. II. — *La Vie publique de N.-S.-J.-C.* 1 vol. in-8, br., belle édition. Prix : 4 fr. *Franco* : 4 fr. 50.

Depuis 2.000 ans, des exégètes nombreux et de tous les pays se sont appliqués à extraire des Evangiles l'esprit vivifiant des enseignements qu'ils renferment. Malgré l'immense labeur absorbé par cette tâche, des esprits d'élite devinant, comme d'instinct, les trésors que recèle toujours ce Livre sublime, ont continué à puiser à cette source d'intarissables lumières. Sédir est un de ceux-là, un des rares pour qui l'Evangile est, par excellence, le Livre des Suprêmes Initiations. C'est à cette noble prédilection de l'auteur qu'il faut attribuer, sans aucun doute, l'originalité de ses aperçus, l'imprévu de ses commentaires, et à ses récits, majestueux dans leur simplicité, des clartés qui ne s'éteignent pas.

Le tome II est la continuation magistralement exposée du domaine moral le plus vaste. Les grandes divisions comprennent : *Les Béatitudes :* La Pauvreté. — La Douleur. — Les Justes. — La Bonté. — La Miséricorde. — La Pureté. — La Persécution. — La Réalisation. — La Perfection. — *La Morale du Christ :* L'Accomplissement de la Loi. — Sa Manifestation. — Sa Pérennéité. — Son Caractère général. — La Colère. — Le Pardon. — Le Mariage. — La Parole de l'Homme. — Les Attaques. — L'Amour des ennemis. — Le Parfait. — *La Prière* : L'Action impersonnelle. — La Prière. — Comment prier. — Comment se faire entendre du Ciel. — La tenue intérieure. — L'Oraison dominicale. — Le *Pater* selon J. Bœhme. — La Pratique de l'Oraison dominicale. — *La Maison spirituelle* : Le Jeûne. — Le Cœur. — La Confiance en Dieu. — Le Développement spirituel. — La Vraie Doctrine. — Notre Demeure future. — *Quelques guérisons du Maître et des Disciples :* La Maladie. — La Thérapeutique. — Le Rédempteur. — L'Entourage du Christ. — L'Ancienne Loi et la Nouvelle. — L'Opportunisme. — Constitution de la Société christique. — Notre Intégrité. — L'Incrédulité. — Ontologie spirituelle. — Les Dignes du Royaume. — *Le Royaume des Cieux :* Marie-Madeleine. — Parabole du Semeur. — Parabole du grain. — Paraboles terminales. — *La Puissance :* La Foi. — Les Hôtes de l'Homme. — L'Intuition. — La Mort. — L'Echec.

SÉDIR. Conférences sur l'Évangile. T. II et dernier. — Fort volume in-8°, de luxe, ave *Index alphabétique des volumes II et III*. Prix: 7 fr.

Cette œuvre impatiemment attendue par les disciples, de jour en jour plus nombreux, du seul écrivain d'aujourd'hui qui soit le continuateur direct des plus purs mystiques chrétiens. Les livres de Sédir, remplis d'aperçus neufs et profonds, d'un accent qui va droit à l'âme, renouvellent une veine épuisée chez nous. Différents de la théologie mystique plus haut que Boehme ou Swedenborg, cependant ils sortent de tous ces comtemplatifs comme une plante nouvelle d'un sol ancien, mais encore vigoureux. On ne saurait mieux caractériser l'esprit de ces *Conférences*, — où, sur un fond un peu obscur éclatent des éclairs incessants, — que ne l'a fait en ces termes M. Gabriel Trarieux, dans la *Revue* : « Il y a là quelque chose qui dépasse l'intelligence même ; ceci n'est pas accessible à tous ; mais ceux qui peuvent les saisir mettront ces pages sur leur étagère, entre Marc-Aurèle et Maeterlinck peut-être même au-dessus à cause de Celui qu'elles invoquent. Elles sont pour la vie de chaque jour une source secrète de force. »

SÉDIR. — Le Devoir Spiritualiste — Beau volume in-12 raisin. Prix : 2 francs.

Cet ouvrage, d'une exécution soignée, s'adresse au grand public. L'auteur très connu dans les milieux spécialement voués aux études des anciennes philosophies et des vieilles religions, a laissé de côté toute terminologie savante. Ce livre sera recherché par les personnes de bonne volonté ; il ne combat aucun parti religieux ; mais il émeut hautement, il réveille les instincts les plus nobles de l'âme et avive les formes les plus pures de sa sensibilité. Il est bon à donner à des amis, il est propre à réchauffer le cœur, quand le vent du doute l'a transi, il est excellent à garder toujours près de sa main ; car les idées dont il nous entretient sont de celles qui habitent les seules cimes pures alentour desquelles s'étend le magnifique royaume du Vrai, du Beau et du Bien.

SÉDIR. La Médecine Occulte. Br. in-18. Pr. 2 fr.

Très précieuse étude sur les nombreuses méthodes employées jusqu'à ce jour. Leurs particularités les plus intéressantes sont discutées et mises en lumière. Leur accommodation aux tempéraments et leur emploi subordonné aux causes des maladies sont des plus utiles à connaître. Œuvre scientifique d'une haute portée pratique.

Tour à tour sont passés en revue : la Constitution de l'Homme, sa Dualité physiologique, les Thérapeutiques, la Chirurgie, la Médecine officielle, L'Homœopathie, le Spagyrisme, les Dynamothérapies, la Médecine des Fluides, le Magnétisme, la Psychiatrie, le Taoïsme, les Essences subtiles, la Médecine magique, la Volonté, la Médecine des Invisibles, la Médecine divine, les Lacunes médicales, etc., etc.

Le Mans. — Imprimerie Monnoyer.

www.ingramcontent.com/pod-product-compliance
Ingram Content Group UK Ltd.
Pitfield, Milton Keynes, MK11 3LW, UK
UKHW020113240726
13926UKWH00011B/1124

9 782013 600569